Vanhan kaupungin koskella

Kustantaja: BoD – Books on Demand, Helsinki, Suomi
Valmistaja: BoD – Books on Demand, Norderstedt, Saksa
ISBN: 978-952-80-2386-9

Vanhan kaupungin koskella

Rami Laine

Runot   Rami Laine
Kannen kuvitus   Kiia Sandberg

Kiitokset

Risto Ahti, tuesta ja opastuksesta –
Kalaparvelle kommenteista ja keskusteluista,
itselleni inspiraatioista.

I

Kuivuneen puron kivet solisevat taas, mistä se tietää mihin nyt mennä? Kivet avautuvat minulle. Kuplat ovat kiven helmet. Nauhoja vedestä keräilen. Minä rikas mies, tiedän puroista vielä enemmänkin.

mykän kivikon päällä
silitän kiven pehmeäksi
ja ihastun ääneen,
painan hitusen kosteutta
kivet haukottelevat ja heräilevät,
sillä aikaa on tässä vietetty
roikkuvan puun oksan alla.

pieni viileä vire käy tammessa
kahisuttaa kuolleita lehviä
kuuntelen hiljaa hiljaista
hiljaa, jotta kuulen mitä hiljaisuus on

oksan äärimmäinen rauha laulaa
tammikuun hämärässä
kypsyvät tähdet

kaadan aamulla vahvan kahvin pahvimukiin
paljain jaloin käpristelen polkua laiturille
nyt varpaat loiskivat,
nyt järvi heijaa niin hiljaa, että kipunoin kun tuuli suhi-
see haavassa
aurinko helisee koivun latvoissa

Aurinko paahtaa pellot ja
varpaat liplaa rantakaislaa –
minä teen pikkukivistä pettuleivän puolikkaan, väli-
palaksi vain.
Laituri virvelöi, mutta
           kela vapauttaa lukon,
           antaa siiman surra ilman halki,
sandaalini uivat jo kaukana.
Heittäydyn sannalle ja
kerään päivänsäteitä matopurkkiin,
sortseissa hiekka kihelöi,
muurahaiset pesäpuun juurella
surisevat punaokraa.

tähdet syttyvät

taivas särisee sormenpäissä
pilvien takana säkenöi lukemattomia kirjoituksia,
nostan käden
sormenpäilläni syksy lehahtaa revontuliin,
sen rauha on hauras, värien voima päästää irti –
olen tässä,
kaikki on levollista,
lumihiutalehede lehahtaa, maa kirressä narahtaa –
pakkaskiteet puolukanvarvulla
silmukoituvat kuunsäteeseen.

Astelen pimeään, tumman veden päällä
laituri havahtuu nirskeestä,
aallot heräävät pinnan alla –
jäiden hila ritkuu, säikeet murtavat rantaviivan
ritisee hetki, johon painoni pysäytän.
Hiljaisuus on kevyt, vain kuu on
puhdas sulassa kylpee tumma sorsaparvi.
Kuun keila taittaa jään
järvi laulaa tyynesti.
Kohotan taitetun oksan, ranta hiljenee.
Sivellän laajenevaa viivaa
uinuvat kaislikkoon vastarannalla kaupungin valotalot,
valvoo väreilevä ikkuna laiturilla.

Käteni kavahtaa karvaisia kaarnanmuhkuroita,
mutta iho on uteliaampi,
jäkälä rapsii viileää sammalta
kellertävät haituvat kutittavat hennosti.
Kuivikko sihajaa,
karsikon kesäkorsetti on kellastunut –
en näe sen enempää eteeni, mutta sormet näkevät.
Roikkuvat puun oksat rujoavat,
ylläni taivas hymisee tyyntä
kun lähden.

Metsäkyyhky pamahtaa ylhäällä lentoon,
siipien läpsystä lehdet leijuvat –
mistä se tietää minne mennä?

Kosketan kynnenkärjellä metsän reunusta
se värähtää luokseni,
muurahaisia putoilee iholle.
Kyynärvarrella virtaa havuinen polku.
Olen metsänpeitossa,
kuusen kivi kehrää sammalta,
kun silitän sen kulmat koviksi
se röpelöi omaa iloaan.
Upotan sormeni graniittiin, halkivalosta kivi aukeaa
valkovuokot heräävät,
kerääntyvät kivelle,
tuoksuvat kuun huokoista valoa.
Aurinko tahtoo nousta, vaikka kuu ei ole kylläinen
lammen varassa punaiset oljet kukkivat.
Usva kerää yhden.

Vaahterat huokaavat.
On syyssarastuksen aika.
Horisontin takaa tulvii valo,
vahvenee hetkestä hetkeen,
maailmani aamu.

II

ilta-aurinko lämmittää kasvoja
taivas helottaa pelloilta itää kohti
joki,
aallot vastavirtaan välkehtivät silmäluomiin
uomassa pilkehtii musta hattu, kalastaja

Kaislikon laulu

Aallot vievät soutuvenettä,
rannan rahinassa rantakaislan taive.
Auringon kimmel valuu lehdeltä alas,
liu'ussa laulaa ilmaverso,
näettekö kuinka varret huokailevat!
Vedestä nousee kivenlohkareita,
joista järven sammal ei päästä irti.

Laiturielämää.

Pohkeesta polttaa!
käsi läimähtää, pudottaa paarman alas hämähäkin
verkkoon.
Hämähäkki nykii, hiipii lähemmäksi
paarma särisee, rikkoo verkkoa ja se
tipahtaa järven pintaan.
Pinta kantaa paarmaa, jalat vailla suuntaa laineet kul-
jettavat kohti rantaa —
kala sen suuhunsa
napsaa.

aurinko kastautuu ja ui
mereltä surisee hehku
punaa tyynen ja uppoaa,
värjää vesi keltaoranssin
laineet nousevat punervaa
pisara jää leijailemaan, hämärtyy purppu
taintuu hehkua hitaasti
veden alta yön ylle

myrskyään puut riitelevät
juuret maiskuttelevat mullas märkii
ilma tuoksuu pudonneita lehtiä
vihreät mäiskivät toisiaan, tarttuvat runkoihin
tihkun iholta oksa napsahtaa
poikkipisarat putoilevat maahan
pikkulintujen pirskuvaa kieltä
lehti pörheltää märkiä siipiään,
punainen
keltasirkku

kalatiira sillankaiteella
pää nyökyttelee alas,
joen lentoon syöksyy, kaartelee
joki tikkuilee sateesta hetken,
lehdet vuotavat raskaina
tiira kaukana kirksii
kaislat ajelehtivat

Laiturielämää 2.

laiturivirvelöijä heittelee,
kela surraa siimaa ilman halki –
ampiainen sirajaa veden rajalla
värinässä ranta soutaa paikoillaan
veneen kyljessä hiljainen kaiku loiskii,
veden viljaa tuulessa kaislaa
ampiaisen kimelä etenee paikoillaan,
kalan leuat käyvät veden rajassa
            hetken terva tuoksahtaa vaimeasti

Vapaus

aamu auringonsäteestä aukenee
kaste kehrää pisaraa,
yhden terällä valon silmä   räpsähtää,
toisen valon terästä viherkajaali valuu ja
päivänverho aukeaa –
uksiltaan linnut sisimpänsä näkevät,
purkautuvat lauluun

nyt toukokuu sykkii
nyt katajankerkkää lämmin vire särinöi -
oksilta pelmuaa viherviittaa,
tuuli kihnaa
leijuu ja käy hitaasti puron suulla, kurkistaa päin
ja vetäytyy, on hetken paikallaan
kunnes puhaltuu lävitseni

Leskenlehti kukkii vieläkin
sammakon koste sinisistä vuokoista paistaa kissan sil-
millä.
Saarnipuun oksilla nokisilmut sihisevät –
ja katso kuinka lehmus heläjää!
Lehti pääsee irti otteesta,
aurinko väristää sädettään, lehden kantaa kieputtaa.
Ruoho siirtää voikukan, sen hento varsi taipuu tanssii.
Apilat soristavat valkoisista heinähaituvista maisemaa,
sirkka ponnauttaa pystyyn.
Vihreän miehen kaljussa pehmeys kuin sammal.

Metsän syyspeitossa.

Marras on keltaisempi pimeä,
syys kahisee kuivemmin kuin kesä puissa –
nurmenlehdet möyryävät keltaista mustaa,
pyörtyvät ylös yötaivaan tihkuun.
Taitan nuorta oksaa nähdäkseni nukkuvan linnun,
pihlajan pisara valahtaa huulille.
Turhaa on etsiä muita juovuttavia juomia,
metsän pisarasta riittää humalaan.

1.

Tyynessä puustossa liikkuu metsänystävyys.
Rauha.
Hiljaisuus pysähdyttää,
kuuntelen sisimpääni,
tunnen pimeyden sykkeen.
Metsänlehdet napertuvat humukseen,
havuston ympäryys minussa hiljenee.

2.

Kaupungin valot sulkevat silmänsä pois täältä,
niiden kajaalit hohtavat pilvenreunoille.
Saasteista puhtaana kuulen,
pimeä metsä mäiskyy, lehdet kostuvat haperruksiin.
Kaksi runkoa kohtaa tuulen heijassa,
kaarna kimahtaa.

3.

Metsä narsuu itseä liki, kosketan kylmää lehdykköä
maassa,
tuulenvire paleltaa sormia.
Kosken viileä virta väräjää mustan suvanteen.
Juurten liukkaus horjauttaa ryteikön keskellä,

jäätyneet punalehdet kuiskivat oksien korvakorua,
niiden puhe kiehtoo pääni lähemmäksi,
tuuli viriää ja värestää punaisaa rahinaa.

Marraskuun pakkanen kiristää kaarnaa,
oksa paukahtaa –
kuolleet lehdet riksuvat ympärillä.
Sormet lipuvat viileiden lovien välitse ristien.
Mustarastas nukkuu. Kuulet puiden liikkuvan pimeässä?
Oksa ripaisee korvalehden,
kaupunkimetsän pilviin sironnut valo heijastaa kylmän
kosken kivet
laulavat virtaavasta vedestä.

Taivaan musta hiljaisuus kirkastuu pisteisiin,
kiteistä maan värit huokuvat huurretta,
pelto pysähtyy paikoiltaan.
Korret koreentuvat ja murtuvat askelien alla,
sulahtavat hyppysiin.
Kaakkoistaivaan punainen siri – pyrstötähti, tai
planeetan raivoisa hehku,
kauneus huutaa kaikkialle.

Tähdet kukkivat kuun liljaa,
säkenöityvät kaikkialle
varret piirtyvät kuvioiksi,
kietoutuvat silmut kasvavat
olet kypsyvä neitsyt ja
paljastat taivaan kauneuden,
kosketat minua
Bereniken hiukset

Metsän tyynyt kelluvat,
nukahtavat lammen pintaan.
Paina pääsi mihin vain,
tyynellä mielellä havut myrskyävät.
Vesi herää, värähtää
vihreät hiuksesi yhteyttävät
silmäni hengittävät,
koivu vasta valosta.
Sydänkivi kostuu sisältä
virtaus vie kyyneleeni –
metsä pysähtyy
neulaset vuotavat.

Sorlammelta tuulee,
rantavarvuissa mustikka on makein tältä metsältä.
Männyn katkos pihkoo pisaraa –
pistokas hapan puhkoo kielen pahki,
maku värisee halki rangan.
Tähän pysähdyn, sormetkin tarttuvat yhteen.
Nojaan vakaaseen kuhmurarunkoon,
katselen lammen plaania vastaan
mitä se miettii,
mihin se suunnittelee virtansa,
niin edestakainen kun on.
Tuulahdus kasvaa kasvoilleni,
levähdys juuri ja juuri tuoksuu –
mahtimänty taipuu latvoistaan, kuulen
runko rahnaa.

Heitän kiven metsään,
silitä kiven kahahdusta,
  kastan sormeni kaarnaan.
Keltainen metsä värähtelee vihreää matalammin,
sen kärpäset surisevat lokakuutakin hitaammin,
niiden hymnissä vihreä kärpäseen baritoi –
tuuli kävelee lehtien kannoilla,
metsähiiri aivastaa lehdyköistä, nostaa kareiden vä-
listä sihinää
hitaasti nostan valuvan sormeni, kaarna pihkaantuu,
sinusta
auringonkukat avautuvat usvasta aamuun,
heräävät kuusta kirkkaimpaan valoon,
keltaisen metsän kasvot kääntyvät meihin.

Korpien ja rämeiden tupasvilla on kesän kukkiva lumi.
Kukkineet kukinnot ovat valkeat, mutta minulle ne kukki-
vat juuri nyt.
Usva nostelee laskoksillaan aamua, lipuu sormillani
koskettelee villaista hedelmää.
Tuleentuneet tähkät kynttilöivät suon,
tuulessa tihkuu lähdön virtaus,
hiljaisuus pysähtyy lentoon
aamu-usva kantaa siementä,
tuulen siivelle.

tuuli käy, puuskahtaa!
myrsky ei vingu, mutta koivu! lehdet kirpoavat –
mänty latvoo,
taipuu,
taipuu ratkireväys paukahtaa! –
kaarnansirpit ampautuvat,
                    kimmahtavat puustossa,
repaleiset lehdet putoilevat valonsiipiä
männynrunko rahnaa toista,
kaarnasta haituvat irtoavat,
monia –
monia, monta! ilmalaivaa leijaa…
silmäni kantaa kaarna-armadaa

vapaa metsä on minun puutarhani,
sen kuuset kasvattavat villiruusuja –
kuulen kesätuulen keltaisissaan, kun raudukset sihisevät
ja voimakas tuomi terttuilee valkoisen sateenkaaren
imelässä paahteessa

III

Heitän kiven jokeen
se synnyttää väreen,
mutta vesi korjaantuu kerta toisensa jälkeen.
Kun sinä lähdit, minä nukuin.
Virta vain jatkaa samaan suuntaan,
uppoan niin syvälle minuun, että
tulet vastaan,
aallot eheytyvät.

Hetki.

kesäiltaa ei sidotuksi saa,
eikä auringonvalo nuku
koivunlehdissä vasta tuoksuu,
kielenpäällä pihkaa

helle jatkuu vielä,
nainen kävelee asvalttia paljain jaloin
ruskeissa sävyissä poninhäntä heiluu puolelta toiselle,
sydän sykkii selkähalkiosta
kepeä vapaus huokuu irti

hän vain menee pois
yö pysähtyy,
kaikki tässä.

Ilahdun aina kun näen sinut hyppelevän ja nauravan
leikkipaikan hyppyruudukolla.
Aikuinen nainen!
Maassa välkehtii tirskahduksia ja
syyssäteet kirmaavat lapsen innolla
ilman estoja tai ilman mitään tietoisuutta
kehtaamisen kynnyksestä
tai muiden ihmisten katseista –
tai ehkä se kaiken tietoisuus on siinä, että kunhan näen
hänet, joka rakastaa niin
että hämmästyn,
kyyhkynen kävelee samalla leikkipaikalla
valokurahduksia pyörittelee mennessään.

Luonto hidastuu ja puut riisuuntuvat väreistään,
taimen janoaa puroja,
vesi pärskii pyrstöön, notkea potku vavahduttaa
kyljet kiiltävät jäntevöityvät
ylävirta notkuu ja liplasta solisee hiekkaa,
naaras ui rauhassa paikoillaan –
istuttaa puron juurille mätinsä, sora pölisee
veden savu karkaa virtauksiin
lokakuu kiehkuroi vedessä
tummuus hiuksissasi.

Aamu valkaisee lokit taivaalle
kuunliljan kukat leijuvat lastuina ilmavirrassa,
sen lehdet pisartuvat ensimmäisenä yhteisenä aamuna,
olemme yhtä.
Rakastan vihreitä silmiäsi, ruusuja ja kieloja, yönkuninga-
tar niiaa
mustarastaan huilusta laulaa jälleen
kärhö kohoaa korkeuksiin, vartesi herää
avaat silmäsi.

aurinko nousee, puut
satavat valoa
sateen kaarella kultaiset pisarat leikkivät
lammessa uppopisara kulauttaa, rengastaa veden
seuraa auraa.

pensasaidan laulajaisista
lintu herähtää,
nurmikko astelee pisaroiden nelitahtia läiskähtää ve-
den pursu.
veden valotanssi litsuu -
                    nurmella ui kedonkukka.

pisamat tuoksuvat ihollasi
annat vain olla,
kierrät hitaasti palmikostasi veden.
levän kieli lipuu nilkoillesi,
ja takaisin
pikkukalat lipovat varpaitani
silmät sannassa näen vain sinua

Auringonlasku kerii säteitään pilvien alle
kirpeä tuuli vihloo,
illansuu maistaa makeaa marjakimaraa.
Lakansiemenet raksahtavat harson alle,
yöpilvet täyttyvät
viljelevät ratkitaivaan leimussa okraa,
purppurasulaksi muuttuu harmaavarpusen kantosiipi –
läpivärisen sinua,
mutta kuka kuulee, kun metsälakan siemen raksahtaa
ensin?
Tipautan korvanlehtiä syksyisin,
kuin äänetön siipi tipahtaa
aurinko rusahtaa,
yö kädessäni, linnuille vohvelinmurusia.

sinä sukellat,
uit aamussa
tuuli rohnaa **rantakaislaa,**
kaislikko kampaa aallokon,
palmikkosi leviää, vihreää kukkaa hiuksissasi
se saa auringon valumaan olkapäille,
pisara herää kasvoiltasi
sinun kasteesi
olen
katseesi edessä

Hauet kalastavat syvyyksissä.
Pyrstöt loiskivat eloiltaan
hämärtyy auringon purppurat hiukset,
puhtaaksi kammatut.
Paina pääsi tyynellä mielellä.
Yön loiske rikkoo pintaa ja takoo vedestä sormuksia.
Rantanuotio paukahtelee, kipunoita ilmassa –
lietteen pikkukalat napostelevat rikkauksia.
Tuuli viriää, soittaa himmeää huilua viinipullosta.
Saan syntyä uudelleen vielä syksyn keväässä –
ihoni alla läikähtää lämmin viileys,
upotan varpaani santaan.

illan hämyssä kuu kiipeää metsän oksilla
taivas laulaa kaarnan vaosta, pisarakin upottaa tukkeja
kun joki halkoo puita,
peipponen visertää niin että rinta halkeaa

sinä heräät
tulet rannalle
järvelle raukeus minusta irtoaa,
nostaa joka aamuista utua
kuulailla käsivarsillaan sen
laahukset leviävät,
siemailevat kerman kahvistani
silmälasini höyryävät

Meri surisee ja sädehtii
aurinko kastautuu illalla,
ui selkää hehkuvaa punaa pyörii kalojen kylkityyneen,
nauraa ja sukeltaa,
silitän veden iloa, se leviää kuin sävel   pisar punervaa –
kynnenpäällä levähtää aurinko, säde tipahtaa avokäm-
menelle,
kerin vedenvalon ja
puristan uimapuvustasi veden,
valonlanka riisuuntuu yltäsi iltaisin, hämärtää –
laineet nousevat ja laskevat
pisara jää, pyörimään,
taintuu hehku hitaasti
veden ali yli nukkuvan haavan.

IV

aina kun valuva aurinko nousee
aamukasteesta nurmikko sataa pisaroita,

maailma täyttyy äänillä
suhisee syksyisin,
vai lehtikö se on, joka toista lämpimikseen kyhnii..
pyörän lukko kajahtaa kaiken yli
metallin makua korvissa

pälyilevä parijono lipuu tien oikeasta laidasta ohi
pienet keltaliiviset kiljahtelevat
poskilla maitohampaiden nauru
ilossa elämä edessä
koivun lehdillä kesä takana,
keltainen ounastelee punaa

Sinertävä auringonhetki lohkaroi kaamospäivän,
minä keitän termokahvit, lämmitän mikronisut
ja puen harmaan fleecetakin.
Kuljen, kunnes pysähdyn.
Metsän siimeksessä,
valonkaistalla imen itseeni kaiken lämmön.
Metsän syvyys hehkuu viileää pimeää,
kaarnan uurnassa sormeni kumpuroivat,
kidekukka sulahtaa kämmeneen.

Lepuutan luomiani hetkiä,
          tästä elämästä
neulasesta riippuu hohkapisara,
sisältä jäätyneet kuplat ponnahtelevat valoa –
rapsahdan kanervasta,
oksa tupsahtaa lunta
liito-oravan lumihiutaleet aukeavat leijaa,
kuulen kuinka metsäkauris rahkaa korteikkoa.

Kuljen jälkiä jättämättä,
tulen seuraan asetun, mutta ethän sinä näe
sinun tähtesi kipunoi.
Koskematon, puhdas ja hiljainen lumimetsä.
Riisun huppuni taakse ja hengitän sisään,
niskaani sulautuu lumihiutaleita.
Jäätyneen koivunoksan päällä harsolunta –
jos vapautan painosi, tapan kauneuden. Itseni.
Annan sinun olla
sellaisenaan
sulautuvan kokemuksen, metsäni ja minä.

metsän harson alla
kuusi säslii vaimeasti, laulaa kuin lintu
leijuva lumi jättää jäljet,
lentävän pikkulinnun jalat kulkevat lumessa.
Talitiainen tulee esiin,
häiritsen reviirin rakennusta kuusen suojassa –
se lennähtää pois, oksa harsoaa minut.

harmaakallion hiljaisuus kylmää kehoa
jääputous polttaa kämmentä, sen sisällä solisee valo
männikkö sihtaa silmissä, se juoksee
minä olen paikalla, kun lintu kirksuu
mänty matkii jostain mikä lie sille vastaa –
oksankappale putoaa taskuun

tykkylumikuuset vaappuvat,
ympärillä natsuu ja rapisee.
astun kuusen sisään,
jylhä raskas hohkaa kylmää
polvet natisevat, mutta
  valo natisuttaa hileitä oksilla,
kosketan kiteistä kaarnaa
huurre sulahtaa,
polttaa sormenpäät
jään runkoon jälki jäähtyy.

Lumikenkä rasahtaa hangen pintaan,
kiteet rapisevat ja pakkasmurros kantaa –
sauva sävähtää pystyyn,
vain jäljet halkovat metsää.
Tykkylumen kannossa
kuusipuut napisevat ympärillä,
lumikokkare napsahtaa olkapäästä,
hanki tupsahtelee siellä täällä.
Latvuksista römähtää havuvyöry, kiihtyy ja kiihtyy
kiihtyy kunnes hanki sukeltaa
olkapäät korvissani kuulen –
kaarna kolisee, oksa murtuu, humpsahtaa mäjähdys.
    Vesipisaroita havunoksilla
    reikiä lumessa
    kaarna leijuu, havahdun
    havut kasvavat hangesta.

Klaffituoli kalahtaa,
pilkkimies jättää paikkansa.
Jäljet pyyhkiytyvät valkoisiin sivalluksiin,
tuulen taigaan
järven selkä kostuu
avannon henki höyryää kohti pakkasilmaa.

rantasaunassa tulipesä naksuu,   tihenee
puu porisee ja liekit leihuvat,
sammio paukauttaa kylkensä
vesikellot takoutuvat kellumaan ja
sisältä veden kieli pulppuaa –
kosketan höyryä kostealla sormenpäällä,
ikkunasta valuu koste,   pisarasta punervaisin iho
kietoutuu nousevaan usvaan, laiturilla
järven selkä lipluu ja lähenee
            laineiden lanteilla keinuu vesi,
            juoksen veteen,
            juhannus on taas niin kylmä! –
sääriluut kalahtavat, hohkassa
elän
rannalla järven selän

Veden kirja.

Syvänteiden elävä vesi
kyntää rantaan
yhtä viivaa –
ylös alas
kuollut oksa kirjoittaa
hiekan eloon
  kuunvalossa
rupi kivestä irtoaa.
Levä haukkoo, rakkulat kukkivat,
elävä vesi
kyntää rantaa
piirtää viivaa,
lokin kirjassa veden tarina,
kirkuva runoni.

Meren töytäisyt herättävät sinut
mitä nyt? naurahdat sille mekko märkänä
käännyt vielä aaltoihin
odottamatta vastausta

vierit veden sisään
simpukat kohisevat rannalla
meri nousee vihreällä sormellaan
oksankappale,
kyntensä
harjaa aallot vaahtopäiksi
sinä sukellat ja uit
huudat minua mukaan
ja minä tulen
minä tulen palavaksi sinusta
vaikka en vielä tiedä
oletko seireeni vai merenneito

olet vesineitty, merenneitoni
vedenalaisella niityllä
pyörteet kuohuvat,
simpukat kosiskelevat rannalla
vastaan kutsuusi
vihreät hiuksesi takertuvat nilkkoihini
kotilot nousevat ja
meren hevoset hyrskyävät!
meri nielaisee minut,
aurinko sammuu
kunnes haukon happea,
aalto kaatuu päälle

kevät kihlaa kylmän valon
perhosen siivet lämmittelevät
valkovuokko kivellä,
aurinko puhkeaa
graniitinsirusta
talvi valuu,
valo luotsaa vuokot auki
puroon upotan käteni
helmet solisevat sormien välissä,
ja muuttolintu,
        elämä, virta

toukokuun kuudennessa illassa aurinko lämpiää
kirsikkapuun valkoiset kukinnot,
ympärillä mehiläiset tuoksuvat
makeus surisee kaikkialla
kevät aivastaa kirsikankukkia!
kirkkaus valuu,
terälehdet heruvat nurmen pintaan
perhonen kuoriutuu,
kukassa kuivattaa siipensä

Vielä koivunlehdet sihisevät sinua lokamyrskyssäkin,
tuulessa villiviini kutoo
kietoo punaista kauluria kuusen ympäri.
Ensipakkasella metsäni valuu puutarhan punaa, viljelee
hehkuvaa marjaa tilhen pihlajanpuussa –
muistan sen ensimmäisen kesätuulen, joka hiuksissasi
humaltui,
reitiltään eksyi puutarhaamme asumaan,
siellä voimakas tuomi kudeksii valkoisen sateenkaaren
hallan uhkeassa keväässä,
runsashileiden triangeleissa.